공기는 내 사랑

초판 1쇄　2009년 8월 20일
지은이　정진규
펴낸이　김영재
펴낸곳　책만드는집

주소　서울 마포구 합정동 428-49번지 4층 (121-887)
전화　3142-1585·6
팩스　336-8908
전자우편　chaekjip@chol.com
출판등록　1994년 1월 13일 제10-927호
ⓒ 정진규, 2009

* 이 책의 전부 또는 일부 내용을 재사용하려면 사전에 저작권자와
  책만드는집의 동의를 받아야 합니다.
* 잘못 만들어진 책은 구입하신 서점에서 교환해드립니다.

ISBN 978-89-7944-317-2 (03810)

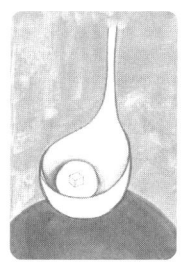

굴기는 내 사랑

정진규 시집

책만드는집

自序

자연의 제 당길심이 무섭도록 크고 그 內奧의 세계에 흐르는 生命의 律呂가 주는 황홀은 더더욱 깊다는 것을 從心之年이 넘어서야 눈치채게 되었다. 이곳 生家 夕佳軒에 寓居를 정하고 나서 거기 기대고만 있는 나를 추스르다 보니 4년 터울의 내 시집이 2년 만에 나오게 되었다. 그만큼 편수가 늘어난 것이 사뭇 조심스럽다. 충실한 시의 일생이고자 하는 나의 생각이 잘 마무리될 수 있기를 늘 다짐하고 있다. 이번에도 이 책이 나올 수 있도록 서둘러주신 책만드는집 김영재 시인의 배려에 큰 고마움을 느낀다.

己丑 한여름
夕佳軒에서
鄭鎭圭

| 차례 |

5 · 自序

13 · 되새 떼들의 하늘
14 · 박태기 꽃
15 · 비 오는 날
16 · 명아줏대 지팡이
17 · 새들의 體位
18 · 모과 썩다
19 · 아버지의 수의
20 · 여자는 칼!
22 · 공기는 내 사랑
23 · 그 바닷가 폐교에서 만나고 온
     호랑가시나무의 추억
24 · 감나무쯤 되랴
25 · 준비
26 · 뻐꾹채 꽃키
27 · 수유리를 떠나며
28 · 새끼 만들 틈도 없다
29 · 立春榜
30 · 春望
31 · 범종의 젖꼭지

32 • 집수리
33 • 立春
34 • 뒷등이여
35 • 찬우물
36 • 삶은 감자 세 알
37 • 개구리 우는 밤
38 • 감실 부처님
39 • 寒露
40 • 저녁노을

II

43 • 슬픈 공복
44 • 言塚 1
45 • 아득한 틈새
46 • 삐어져 나오는 것들
48 • 律呂여
49 • 수련 마담꼬네
50 • 씨를 뿌리다
51 • 次韻
52 • 슬픈 살
53 • 끄집어내다
54 • 지렁이를 심다

55 • 해 지는 저녁 능선
56 • 겨우살이
57 • 후살이
58 • 모든 사진에는 내가 보이지 않는다
59 • 言塚 2
60 • 딱따구리 1
61 • 딱따구리 2
62 • 석가헌 근방
64 • 새들, 나의 직속들
65 • 눈썹을 그리기 시작했다
66 • 알집들
69 • 돌아온 보편

73 • 月明 오빠여
74 • 프러포즈
75 • 치자꽃과 장미꽃
76 • 무엇으로 접붙일까
77 • 제주 은갈치
78 • 이 봄날
79 • 三淸洞 산벚꽃 만개할 때
80 • 허공

81 • 하늘 뿌리
82 • 풀 뽑다 말고
84 • 엽서
85 • 새까만 正裝
86 • 맨발의 거처
88 • 물
89 • 수박이나 붉게 먹으며
90 • 몸이 말을 듣지 않는다
91 • 가고시마 내 사랑
92 • 직후의 꽃
93 • 진양호 물버들
94 • 빨리 크고 싶다
96 • 줄창 일어서 있는 풍경

98 • 형이상학적 충동과 근원의 감각_ 유성호
110 • 정진규의 문학 연보

I

되새 떼들의 하늘

 오늘 석양 무렵 그곳으로 떼 지어 날으는 되새 떼들의 하늘을 햇살 남은 쪽으로 몇 장 모사해두었네 밑그림으로 남기어두었네 그걸로 무사히 당도할 것 같네 이승과 저승을 드나드는 날개붓이여, 새들의 운필이여 붓 한 자루 겨우 얻었네 秘標 하날 얻어두었네 한 하늘에 대한 여러 개의 질문과 응답을 몸으로 할 수 있다는 것은 얼마나 감지덕지할 일인가 오늘 서쪽 하늘에 되새 떼들이 긋고 간 飛白이여, 되새 떼들의 書體여, 자유의 격식이여 몇 장 밑그림으로 모사해두었네 가슴팍에 바짝 당겨 넣은 새들의 발톱이 하늘 찢지 않으려고, 흠내지 않으려고 제 가슴 찢고 가는 그게 飛白이라네 하얀 피라네

박태기 꽃

충혈인지 어혈인지 그쪽으로 자꾸 깊게 물들고 있다 진자주다 한 번 되게 그대에게 부딪쳤을 뿐인데 온몸 다닥다닥 꽃 벌기 직전이다 어쩌려고 이러나 등짬을 당겨보지만 돌아서지 않는다 꿈쩍도 하지 않는다 갈 때까지 갈 모양이다 다닥다닥 서둔다 어느 문전이라는 걸 벌써 다 알고 있는 눈치다 박태기 꽃 맺힌 걸 다닥다닥 바라다보며 이 봄이 위태위태하다 한 번 되게 살구나무가 부딪친 것 滿開로 본 것이 엊그제인데 맘먹고 박태기 꽃 마지막을 서둔다 이 늦봄 꿈속의 꿈까지 꾸어 몸 밖의 몸을 보려 한다* 박태기 꽃 진자주

* 黃庭堅 句.

비 오는 날

　빗속에서 저 맨몸 빗줄기들 자연분만된 줄로만 알고 있었더니 빗줄기 속에서 비가 비로소 몸을 얻고 있음을 여기 와 보았다 비 젖고 섰는 큰 느티나무를 비가 와서 만든 줄 알았더니 느티나물 만나서 비가 비로소 느티나물 크게 적시게 되었음을 알았다 느티나무에게 잘 모시겠다고 큰절했다 이 늦봄 새벽, 사랑이 와서 초록 풀밭 아득히 적시는 빗소리를 귀 열고 있었더니 맨몸 적시고 있었더니 오래전에 있었던 초록 풀밭이 비로소 사랑을 몸 부리고 있음을 알고 큰절했다 노박이로 비 맞고 은하 건너온 칠석날 까치 두 마리도 아침 뜨락에 와서 이미 알고 있었다고 두어 번 짖었다

* 夕佳軒에서.

명아줏대 지팡이

 많이 짚고 다녔다 여러 해 여러 곳 짚고 다녔다 싸다녔다 해야 더 옳으리 내 두루 짚은 자리들마다 실려 있는 내 몸과 마음의 무게들은 대략 계량할 수가 있겠으나 나도 다시 짚어내기 어려운 무늬들이 있다 또 다른 지팡이가 필요한 무늬들 또한 적지 않다 왜 그런 무늬들이 찍혀 나왔을까 속에서 혼자 넘치었나 보다 그걸 짚어내려고 그게 밤낮으로 궁금해서 다른 것 묻어 있지 않은 새 지팡이 하날 다듬고 있다 명아줏대가 으뜸이라 하였다 靑藜杖이여, 이번엔 그거다 그걸로 되짚으면 무늬의 正體들 밝힐 수 있으리 拓本될 것이다 새 지팡이 하날 다듬고 있다 己卯 出生 이후 여적지 못 찾은 나의 속 무늬였으면 좋겠다 새 지팡이 하날 다듬고 있다

새들의 體位

　별난 체위로 새들은 허공과 몸을 섞는다 아득히 비어 있는 것들 조그만 제 몸으로 빠듯이 채워 날아오르는 절정의 方式, 몸으로 추켜올리고 몸으로 추켜 내리는 상승과 하강의 속도, 臨界速度*로 섞는다 그때가 절정일 것이다 특히 솔개의 급강하! 바짝 온몸 세워 파르르 눈 맞춘, 눈싸움의 허공 벼랑! 까치독사도 낭자한 피로 아득히 꼴린 제 목을 부러뜨렸다 그만하다면 지승도 문제 없으리 경계를 一擧에 지우는 方式, 덕진공원에 스며들어 나 한밤 내 훔친 연꽃 벙글던 方式, 그 순간도 그와 다르지 않았다

---

* 임계 상태에서 기체를 액화시키는 압력이 내는 속도. 그 힘으로 비행기가 뜬다.

모과 썩다

올해는 모과가 빨리 썩었다 채 한 달도 못 갔다 가장 모과다운 걸, 가장 못생긴 걸 고르고 골라 올해도 제기 접시에 올렸는데 천신하였는데 그 꼴이 되었다 확인한 바로는 농약을 하나도 뿌리지 않은 모과였기 때문이라는 판명이 났다 썩는 것이 저리 즐거울까 모과는 신이 나 있는 눈치였다 속도가 빨랐다 나도 그렇게 판명될 수 있을까 그런 속도를 낼 수 있을까 글렀다 一生 내가 먹은 약만 해도 세 가마니는 될 것이다 순수한 것이라야 빨리 썩는다 나는 아예 글렀다 다만 너와 나의 사랑이 그토록 일찍 끝난 것도 그러한 연유에서였을까 첫사랑은 늘 깨어지게 되어 있다 그런 연고다 순수한 것은 향기롭게 빨리 썩는다 절정에서는 금방인 저쪽이 화안하다 비알 내리막은 속도가 빠르다 너와의 사랑이 한창이었던 그때 늘 네게서는 온몸으로 삭힌 술내가 났다 싱싱한 저승내가 났다 저승내는 시고 달다 그런 연고다

아버지의 수의

 시인 문인수는 임종 무렵의 아버지 이야기를 시로 썼지만 그런 생각이 들지 않는데 시인 김신용이 아무래도 은인이라는 생각이 든다 아버지는 김신용이 직접 지은 진솔 수의를 입으시고 이승을 뜨셨다 아무래도 나는 實物 편인가 보다 시를 오십 년이나 가까이 썼다면 시도 實物로 만져져야 마땅하지 않은가 나는 아직도 그와 같지 못하다 그게 시의 운명인가 비극인가 그래서 시인가 윤달이 들던 해 모두들 좋다고 해서 그때 수의 만드는 일로 밥을 먹고 있었던 김신용 시인에게 간청을 해서 진짜 국산 삼베로 한 벌 장만해두었던 걸 아버지는 입으시고 이승을 하직하셨다 큰 재산 장만했다고 편안해하시다가 수의는 최고의 正裝이다 그렇게 좋아해하시다가 고요히 떠나셨다 어디 한 군데 조이지도 틀어지지도 않고 불편한 데 없이 먼 길 잘 걸어왔다고 꿈결에 전갈이 왔다 시인 김신용에게도 안부 전하라고 아버지의 전갈이 왔다 여기서 평생 입을 正裝이라 하셨다

여자는 칼!

 그만한 칼이 어디 있으랴, 어떠한 칼도 해낼 재간 없는 탯줄 끊어내기, 여자는 칼! 끊어냄이 이어짐인 칼, 태어남인 칼, 어머니인 칼! 칼칼한 칼, 여자는 칼로 지나다닌다 여자의 칼 지나간 자리, 여자가 지나간 자리마다 넣어진 칼집들 쇠뜨기 풀이나 명아주 풀잎에마저 깊게 나 있다 들판으로 열리거나 장장 비 내리는 남행 천리 아득함이 되기도 한다 지나만 가도 그러하다 모든 남자들은 특히 어느 대목이 하나쯤씩은 氣絶해 있다 남자가 지나간 애기똥풀 꽃은 노오랗게 말짱하다 여자가 남자로 하여 기절한 적은 한 번도 없었다고 한다면 섭섭하시겠지 여자는 칼! 어디서건 칼로 몸을 만든다 남자는 몸을 만들지 못한다 고양이가 햇볕 수염으로 솟아나 길로 자라기도 하며 며느리밑씻개는 큰며느리 속고쟁이로 빨랫줄에 걸려 진종일 비를 맞고 있는 날도 있다 여자가 지나가면! 그간 나를 지나간 여자들이 칼집 낸 내 몸, 가득 슬어놓은 알들이 날마다 탯줄 끊어내고 있다 탯줄 잇고 있다 오늘은 제왕절개까지 했다 매일 태어나고 있다 칼!

공기는 내 사랑

 감자 껍질을 벗겨봐 특히 자주감자 껍질을 벗겨봐 감자의 살이 금방 보랏빛으로 멍드는 걸 보신 적 있지 속살에 공기가 닿으면 무슨 화학변화가 아니라 공기의 속살이 보랏빛이라는 걸 금방 알게 되실 거야 감자가 온몸으로 가르쳐주지 공기는 늘 온몸이 멍들어 있다는 걸 알게 되지 제일 되게 타박상을 받는 타박상의 一等, 공기의 젖가슴이 가장 심해 그 타박의 소리를 어느 한밤 화성 근처 보통리 저수지에서 들은 적 있어 밤 이슥토록 떼로 내려앉았다가 무엇의 습격을 받았는지 일시에 하늘로 치솟아 오르던, 세상을 들어올리던 청둥오리 떼의 공기, 일만 평으로 멍드는 소리를 들은 적 있어 폭탄 터졌어 그 밤 그 순간 내 사랑도 일만 평으로 멍들었어 그 소리의 힘으로 나 여기까지 왔지 알고 보면 파탄이 힘이야 멍을 힘이라고 말할 수밖에 없어 나를 감자 껍질로 한번 벗겨봐 힘에 부치시걸랑 나의 멍을 덜어 가셔 보탬이 될 거야 이젠 겁나지 않아 끝내 너를 살해할 수 없도록 나를 접은 공기, 공기는 내 사랑!

그 바닷가 폐교에서 만나고 온
호랑가시나무의 추억

 호랑가시나무가 거기 있었다 생선 널어 말리기 제일로 좋은 호랑가시나무에 나도 가자미처럼 알몸 찔렸었다 함께 간 너에게 찔려 햇살 따가운 진종일을 거기 널려 있었다 꾸들꾸들해지는 온몸이 옥죄이지도 않고 개운했던 까닭은 너에게 찔렸다는 상징 때문이었으리라 실체보다 강한 상징이 있다 그림자가 더 무섭다는 걸 알게 된 연후에야 사랑할 자격이 있다 하겠다 깨어진 유리창 너머론 스며드는 파도 소리가 또한 진종일 낡은 풍금의 페달을 밟았다 파도 소리가 싸악 지나갈 때마다 하얗게 소리의 살결을 배앝았다 소리의 살결들도 호랑가시나무 네게 깊게 찔려서 개운하게 날이 저물었다

감나무쯤 되랴*

   사랑이여, 넘쳤다 물! 올해도 蘭을 실패했다 꽃은커녕 뿌리를 모두 썩혔다 넘치는 건 모자람보다 위험하다 요즈음은 아침마다 나를 넘치는 것 덜어내려고 일찍 잠이 깬다 새벽잠이 없어졌다 유달리 나는 그릇이 작다 오늘은 세 홉 반이나 넘쳤다 우리 집 뒷마당 감나무는 어떻게 계량하나 살폈다 우리 집 뒷마당 감나무는 제가 넘치면 해를 두고 온몸으로 덜어낸다 해거리를 한다 올해는 감이 한 알도 열지 않았다 지난해엔 가지가 찢어졌었다 감나무쯤 되랴 사랑이여, 나도 해거리를 하랴 가혹하지 않느냐

* 朴在森 調.

준비

 나는 왜 매일 아침 샤워를 하고 뜨는 해도 그렇게 맨몸으로 온다고 맨몸으로 믿는가 속옷을 갈아입고 향수마저 뿌리는가 내 슬픈 살이 마지막 수습될 경우 잘 보이려고 그런다 깨끗하지 못했던 만큼 깨끗하고 싶어서다 오늘 내가 어떻게 될지 나도 모른다 잘 수습되고 싶다 오늘도 그렇게 시작되었다 속내가 따로 하나 있기는 하지 殮襲은 평생 두고 스스로 혼자서 하는 거지

뻐꾹채 꽃키

 실물은 아니지만 뻐꾹채 꽃을 마침내 보았다 매발톱, 수리취, 꽃범꼬리, 흰좀비비추, 초롱꽃, 그런 심산의 꽃들이 사실적으로 피어 있는 本色 사진책을 보다가 마침내 찾았다 絕頂에 가까울수록 뻐꾹채 꽃키가 점점 消耗된다*고 그 소모의 키를, 속키까지 시로 사진 찍던 芝溶, 지용의 뻐꾹채 꽃키를 오십 년 만에 찾았다 '白鹿潭'에서 처음 읽어 만나고 오십 년 만이다 어떤 꽃일까 궁금한 채로 오십 년이 지났다 밥 먹는 일이어도 그랬을까 그런 내가 한심한 게 아니라 시는 오십 년도 기다려 준다는 사실이다 그게 내 온몸을 옥죄었다 내가 기다린 게 아니다 뻐꾹채 꽃키, 엉겅퀴꽃 형국인데 좀 둥글고 통통했다 색깔은 밝고 진분홍, 꽃잎 가시가 꽃술이 빳빳하게 솟아 있었다 뻐꾹채 꽃키가 스스로 소모되었던 것은 아니었을 터, 백록담 산비알이 오를수록 가팔라지고 있었던 것이었겠지 그 산비알이 보였다 바싹 엎드려 다붙은 뻐꾹채 꽃키, 여적지 오르고 있는 내 소모의 산비알도 보였다

* 鄭芝溶 : 白鹿潭.

수유리를 떠나며

  수유리 30년을 데리고 나 떠난다 얼컥 이는 호끈한 내음* 가슴 안고 나 떠난다 두고 갈 수 없었다 산수유 한 그루, 꽃 피면 떼로 날아들던 꿀벌들의 몸즙 향기, 얼컥 이는 호끈한 내음, 純순히 그걸로 길 찾아들었다 예까지 왔다 산수유 30년을 데리고 나 떠난다 山茱萸 別辭를 따로 쓰지 않아도 되게 되었다 산수유 꽃 피는 올봄에도 꿀벌들 새집 찾아들게 되었다 나도 새집 찾아들게 되었다 산수유 30년, 새집 마당에 얼컥 이는 호끈한 내음! 純순히 옮겨 심게 되었다

---

* 얼컥 이는 호끈한 내음 : 김영랑 시 「42」(『영랑 시집』 1935, 시문학사)에서. 〈페로몬〉으로 정진규 독해. 시 「산수유」가 있음.

새끼 만들 틈도 없다
– 金剛詩法

 알에서 태어난 것이나, 태에서 태어난 것이나, 습기에서 태어난 것이나, 변화하여 태어난 것이나, 형상이 있는 것이나, 형상이 없는 것이나, 생각이 있는 것이나, 생각이 없는 것이나, 생각이 있는 것도 아니고 없는 것도 아닌 – 아이고 숨 가빠라! – 온갖 중생들을 내가 모두 완전한 열반에 들게 하리라 이와 같이 헤아릴 수 없이 많은 중생들을 열반에 들게 하였으나 실제로는 완전한 열반을 얻은 중생이 아무도 없다* 이 대목을 열 번 옮겨 적고 백 번 읽고 났더니 내가 한 말씀으로 믿음이 갔다 어제오늘 들어 밤새워 우는 소쩍새, 울음이 내 몸이 내는 소리로 믿음이 갔다 마음속 우물이었다 떨어지는 한밤 두레박이 별빛 부서지는 소리를 냈다 떠나라! 언감생심 새끼 만들 틈도 없구나

* 金剛般若波羅密多心經.

立春榜

 전에는 변죽만 울려도 몸이 달아올랐는데 못 푸는 문제가 없었는데 몸으로 모두 열었는데, 다그르르 다그르르 오늘 새벽만 해도 분명한 事件이 있었는데, 초고속으로 어디서 건너온 딱따구리 울음소리를 듣고서도 正體를 밝히지 못해, 말이 떠오르지 않아 아, 딱따구리! 이 말씀 한 마디가 끝내 떠오르지 않아 쩔쩔매다가 옹매듭 그대로 날밤을 새우고 말았다 어제는 내 암호를 부르는 그대의 암호가 光케이블을 타고 건너왔는데 나를 깊게 건드렸는데, 내 몸의 벨이 감감무소식이었다 글쎄 암호 해독이 어렵게 되었다 짚어보니 겨울 가뭄이 실로 혹독했다 너무 길었다 다행이었다 때가 되었는지 오늘 아침엔 겨우내 꽁꽁 얼어붙었던 겨울 숲 암호들이 우듬지 끝 겨울 눈들이 모두 초록 信管 한 자루씩을 둘러메고 서둘러 산을 내려왔다 解讀이 끝났다 하였다 冬安居 결제가 풀리었다 하였다 立春이라 하였다 나도 서둘러 立春榜 하나 내다 붙였다 다행이었다

春望

　새로 선 동구 밖 아파트들은 진종일 닫혀 있고 밤에도 불이 들어오지 않았다 분양이 어렵다 하였다 안마을은 예전대로였다 신발 벗어 들고 건너던 시내에 긴 다리 하나 놓인 것 말고는 아무 탈 없었다 유월의 큰 느티, 가득 뿜어낸 잎새들이 허공을 초록으로 조이면 접시꽃 키들이 담장 너머 세 뼘씩 붉게 자라오르고 쓰려논 무논에선 한밤 내 개구리들이 미리 모를 심으며 자글댔다 지금쯤 여기 오려고 차표를 끊고 있느냐 그리움 아무 탈 없느냐 너를 기다리며 나도 온몸 조이고 있다 春望이다 지난밤 소쩍새 한밤 내 울어 울어 그리움 조인 한 그루 소나무, 푸르게 야위었다

범종의 젖꼭지

늘 울어야만 하는 범종의 젖가슴엔 몇 채 유곽*이 소슬히 솟아 있다 제 젖꼭지 제가 물려 제 슬픔의 허기를 제가 달래야 하니까

* 乳廓, 젖꼭지의 집.

집수리

아내는 또다시 집수리를 시작했다 같이 사는 동안 몇 번 있었다 집을 아주 바꾸지는 않았다 제 살 집을 바꾸고 싶은 모양이었다 나를 바꾸고 싶은 모양이었다 불륜과는 다르다

立春

　새집 지어 나를 제금 내기로 작정한 날, 밤새 나무 켜는 소리가 났다 아름드리 소나무 속살 송진 향내, 좀 춥게 잤다

뒷등이여

 사궤가 물러난 비인 상자 같은 한 사람의 몸을 자주 눈치챈다 그가 나를 제대로 담지 못한다 그런 날이 날로 늘어나고 있다 나를 자주 엎지르고 있다 돌아서 한참 서 있다 주섬주섬 나를 주워 담는다 돌아앉은 늙은 아내의 뒷등이여, 숲生이여 저녁나절 내 뒤뜰의 잡초들을 뽑고 있다

찬우물
– 석가헌 시편

 아직은 남아 있다 이곳 하늘만은 실로 강령하시어서 별들의 행로가 날이 새도록 참방거리게 하는 찬우물 하나로 여기 와 나 연명하고 있다 밤새 차오른 우리 집 새벽 水位를 물 길러 오는 이웃들도 계시다 서둘러 빗장을 열어두고 있다 쌀 일고 있는 하얀 소리, 소리가 들리시지 씨눈이 그대로 살아 있는 玄米, 네 사랑을 거덜내고서도 여기 와 쌀을 일고 있다 끼니를 잇고 있다

삶은 감자 세 알

 사무실 건물 환경원 아줌마가 옥상에 감자를 심어 길렀다고 오늘 캤다고 뜨끈뜨끈한 주먹만 한 감자 세 알씩을 사무실마다 돌리며 귀한 거니 잡수어보시라고 했다 세 알을 맛있게 다 먹었다 먹는 일이 제일로 귀하다는 걸 몸으로 알았다 점심을 먹으러 식당에 가지 않아도 되었다 귀하다는 말! 진종일 내가 귀했다

개구리 우는 밤

 논농사 두어 마지기 밤새 물꼬 터두고 새벽에 나가보면 그들먹한 논물, 그들먹한 논물로 밤새 울고 울던 개구리들도 예법을 챙긴다 가까이 다가가면 가만히 침묵으로 읍한다 拱手로 절한다 그 침묵의 물 떠다가 혼자 놔두면 다시 밤새 울을까 그들먹한 논물, 비친 낮달, 슬픈 눈썹 새로 그리고 있다 택배로 부쳐드리니 놔두고 보시게나

감실 부처님

 나를 獨對해주셨다 경주 남산 감실 부처님, 늦은 나의 귀가에도 저녁밥 새로 상 보아 고봉밥으로 허기를 채워주시던 어머니를 상봉했다 손톱 닳아 반달이셨다 늘 들에 나갈 때마다 눌러쓰시던 머릿수건이 좀 낡아 보였다 어머니 가신 지 서른세 해 되던 날 겨우 새 타월 하나로 갈아드렸다

寒露
– 석가헌 시편

아직 이르지만 새 솜이불 꺼내 덮고 밤새 고개 드는 슬픔 겨우겨우 눌러 잠들다

저녁노을
- 석가헌 시편

 촉탁 서기로 나가는 邑內 금융조합에서 도시락 가방을 든 兮山*이 집으로 돌아오고 있다 흰 캡을 쓴 혜산이 松籟 울음 저녁노을로 깔리는 논두렁길로 오고 있다 어스름이 기일게 밟힌다 자디잔 조팝꽃들을 한참 눈으로 조이다 간다

* 석가헌이 있는 同鄕 詩人 朴斗鎭의 아호.

II

슬픈 공복

 거기 늘 있던 강물들이 비로소 흐르는 게 보인다 흐르니까 아득하다 춥다 오한이 든다

 나보다 앞서 주섬주섬 길 떠날 채비를 하는 슬픈 내 역마살이 오슬오슬 소름으로 돋는다

 찬바람에 서걱이는 옥수숫대들, 휑하니 뚫린 밭고랑이 보이고 호미 한 자루 고꾸라져 있다

 누가 던져두고 떠나버린 낚싯대 하나 홀로 잠겨 있는 방죽으로 간다 허리 꺾인 갈대들 물속 맨발이 시리다

 11월이 오고 있는 겨울 초입엔 배고픈 채로 나를 한참 견디는 슬픈 공복의 저녁이 오래 저문다

言塚 1

 言塚이라고 들어보셨는지요 적극적 형이상학의 소재 하나를 지니고 있으니 아무도 얼씬거리지 마시압 미구에 큰일 낼 것 같습니다 경상도 醴泉 어느 마을엘 가면 말의 무덤이, 馬塚이 아니라 言塚이 있다는 말을 얼핏 들은 적이 있습니다 이런 상징 실물을 만들어놓은 마을 先代들께오서는 일찍부터 말씀에 수의를 입힐 줄 아셨으니 침묵의 살을 직접 만지셨던 거지요 스스로 침묵의 봉분을 지으셨던 거지요 놀랍지 않으신지요 대단들 하십니다 직접 다녀와서 제대로 쓸 작정입니다만 言塚들 참배하러 그간의 내 言塚들과 함께 나 수일 내 그리로 떠납니다 아무도 얼씬거리지 마시압 손대지 마시압

아득한 틈새

 사람 솜씨의 정교함에 대해서는 이번 석굴암 보고 와서라든가 매번 놀라면서도 바람결이 물무늬를 그려내고 있는 감포 앞바다에 와서도 그 젖어 있는 정교함의 性分*을 가려내지 못했음을, 그런 보아내기의 느림을 이 느림의 나이에 와서야 느리게 보아내고 있다 느려야 보이는 자연의 속도에 대하여 이 느림의 나이에 대하여 쓰고 있다 하다못해 한 뿌리 쇠뜨기 풀이 안 보이는 흙의 틈새를 메꾸며 아득히 일어서 거기 아득한 틈새가 있었음을 몸으로 채우고 있는 걸 오늘 아침 뒤꼍의 풀을 뽑다가 바랭이 풀과 함께 만났다 새들의 작은 눈동자는 무섭다 거기 아득히 고여 있는 아득한 하늘길을, 새가 내려다본 아득한 지상을 들여다보다가 아득하다는 말씀을 저리게 만졌다 그걸 끌어당겨 순간의 높이로 급강하는 솔개의 틈새를 내가 아득히 당겨 그었다 쩌르르르 행복하였다 잘 빠진 落法 하나가 아득한 키로 地上에 파르르르 꽂혀 있었다 아득한 性分이 있었다

* 허만하 시집 『바다의 성분』.

삐어져 나오는 것들

 어쨌건 견딜 수 없음이다 내가 매복시켰거나 매장당한 삶의 기침 소리들, 너와 나의 입술 속에 깊게 담갔던 사랑 발효의 날들, 시간의 육신들이 고개를 잠깐 내밀다 들어간다 그런 것들도 없지는 않지만 여린 발목들, 참느라고 머물러만 있다가 退化된 보행들, 내 여린 발목들 나의 退化는 이미 전신 전이되어 있다 씨앗들 새싹 트는 걸 보고 氣力을 되찾기도 했지만, 삐어져 나온 햇빛 초록 빨판, 千手千眼 이파리들이 속 태우고 속 태워 햇빛 金剛 빚은 느티의 그늘, 어린잎들에 손을 댔다가 크게 초록 화상을 입기도 했지만, 그래서 삐어져 나오는 것들은 더욱 무섭다 꽃들도 무섭다 제일로 송구스러운 것은 아버지와 어머니의 봉분에 뺑대쑥만 삐어져 오르고 심어드린 배롱나무꽃이 올해째 이태 동안 소식을 끊고 있는 사건이다 삐어져 나오지 않음으로 완전하게 삐어져 나오고 있는 사건이다 그런 絕對가 무섭다 죽음도 건드리지 않은 배롱나무는 무섭다 처단이다 사건이다 나는 크게 데었다 오늘은 벗겨진 잉어

비늘 사이로 삐어져 나온 저 생선의 속살이 또한 무섭다 햇살 아래 목이 탄다 삐어져 나오는 것들이란 生成에서 退化까지다 그 원거리를 내 여린 발목은 오늘도 한참 저리다

律呂여

저녁이 오는 시간은 밝음에서 어두움으로 가는 땅거미의 步法이 가장 분명하다 피리 소리를 내며 윤곽을 긋는 시간의 손을 보여준다 律呂여, 피리를 부는 그대 손가락이 눈에 밟힐 것이다 한 그루 나무의 그 한 그루는 물론, 이파리들의 가장자리에 고이는, 번지는 그런 몸의 발가락들을 보여줄 것이다 큰 나무는 물론 작은 풀잎이 오늘 피운 꽃잎들의 다무는 입술에도 그 보폭과 걸음새를 보여줄 것이다 아니 그런가 한 그루 느티여, 질경이 풀이여, 제일 분명한 것은 안산 저녁 능선일 것이다 거기 서 있는 나무들의 키가 비로소 하루 치 완성의 키를 얻는다 몸을 얻는다 모든 완성의 내부에는 소리가 흐른다 저녁은 완성의 시간이다 어두움의 律呂여

수련 마담꼬네

 꽃들은 앞서거니 뒤서거니 피어나는데 자고 나면 수련 항아리엔 지난밤 살얼음이 잡히어 있곤 하였습니다 떠나지 않는 겨울을 이 봄날 데리고 삽니다 그런 사람에 얹혀살면서 불행해합니다 끝자락 긴 겨울은 그래도 제 분수를 알기에 감히 흐르는 물은 건드리지도 못하고 고여 있는 물만, 수련 항아리 속의 물만 살얼음으로 건드려놓곤 합니다 내가 얹혀사는 겨울 사람은, 그런 사람은 그런 눈치도 채지 못합니다 늘 살얼음이 잡힙니다 꽃이잖아요 일찍이 꽃 핀 걸 본 적이 있기에 끝자락 긴 겨울은 수련을 어쩌지는 못합니다 微動이란 말 참 예쁘지요 살얼음 속에서도 오늘 아침 수련 마담꼬네, 분홍빛 開花의 미동이 있었습니다

씨를 뿌리다

어제는 뒷밭에 播種을 했다 씨를 뿌렸다 씨 뿌리는 사람이란 제목으로 좋은 그림 하나 그래서 옛날 마을 이발소에도 걸려 있고 싶었다 폭신한 흙을 만지는 시간이 뿌리는 시간보다 길었다 황홀한 외도여, 저리는 오금이여, 새 여자의 몸을 탐하는 이 슬픈 속사정을 한창인 뒷문 밖 살구꽃이 분홍빛으로 더욱 부추기었다 범부채, 개미취, 금계, 채송화, 해바라기, 쪽도리 꽃, 아주까리, 상추, 치커리들 무더기로 다 뿌리고 나서도 이 나의 代理 播種이 不倫이란 생각이 전혀 들지 않았다 새싹 돋아 실하게 되면 모종을 집집마다 나누어드릴 작정이다 入養시킬 작정이다 장하시다고 回春하셨다고 모두 끼끗하다고 칭찬받을 작정이다

次韻

  시의 천수답에 겨우내 꽂혀 있던 녹슨 삽이여, 그리웠던 그들먹한 논물이여,* 물꼬여, 물꼬여 內色도 않더니 자위도 돌지 않더니 이다지 다른 몸으로 올 수도 있었구나 이 봄 꽃 供出이 한창이다 끝장을 내겠다 한다 夕佳軒 마당에서 와보시게나 산수유 영산홍 가지 끝끝마다, 앵두는 온몸 열어 겨드랑이 사타구니까지 꽃으로 들이미는 꽃들의 供出이여 공출 마당이여 너를 되찾아 들여앉히는 길, 다른 길이란 흔적도 없다 오직 꽃 供出로 다 지워져 물꼬를 트고 있다 길을 내고 있다 천수답이여, 모처럼이로다 논두렁 무너질라 넘칠라 그들먹한 논물이여 염치가 없구나

---

* 정수자 시인의 시조 「천수답」에서 次韻.

슬픈 살

 왜 이리 자주 슬픔이 찾아오느냐 슬픈 살이 오른다 이겨내지 못하는 걸까 궁구해보니 알겠다 네가 떠나면서 길 연 슬픔보다 그 너머의 것들을 곱빼기로 길 터준 길 때문이라는 걸 한참 걸려 알았던 거다 그 길은 아득하여서 걷기 시작하면 슬픔으로 밀려오게 되었던 거다 몸이 알게 되었던 거다 비가 내리게 되면 몸이 쑤신다 열 마장쯤 앞장서 비가 내리고 내가 기일게 기일게 개미들의 행렬로 바삐 바삐 피신케 되었던 거다 너도 어디서 개미들의 행렬로 바삐 바삐 나를 또 떠나고 있는 모양이다 떠나고서도 떠나가 있는 그곳에서 또 떠나고 있는 모양이다 젖어드는 빗소리가 몸 가득 자주 들리는 그런 슬픔으로 내가 귀가 트이는 모양이다 무슨 철이 들고 있는 모양이다

끄집어내다

나는 끄내다라고 쓰고 말한다 그래야 꺼내다의 몸이 보인다 나는 무어든 계속 끄집어내는 마술사, 매일 아침 아끼는 흰 비둘기 한 쌍씩을 끄내 날렸고 좀 전엔 김이 모락모락 나는 둥글고 흰 빵 한 접시를, 따뜻한 두부 한 모를 복역 중인 억울한 한 사내를 감옥에서 끄집어내 그의 코밑에 내어 밀었으며, 직전엔 높푸른 가을 하늘을 날아가는 기러기 떼들을 내가 끄내 날린 깃이라고 우겼다 알겠다 사랑이란 그렇게 무어든 계속 끄집어내서 네 바구니에 넘치게 담는 것임을 몰랐었구나 거기 담았다고 끝내 우기는 것임을 몰랐었구나 사과 밭에 가서는 사과나무에서 빠알간 사과들을 끄집어냈으며, 무릇 꽃밭에 가서는 상사화들을 지천으로 끄집어내 석 달 열흘 빠알갛게 떼울음 울게도 하지 않았던가 끄집어낼 것이 없는 극빈이라 한다면 더욱 약탈처럼 끄집어내다 너를 채우라고, 극빈까지 끄집어내서 네 子宮을 채우라고 하신다

지렁이를 심다

 부추 밭에서 캐어 온 지렁이를 어렵게 분양받았다 지렁이를 심었다 지렁이 즙을 내 자시고 폐결핵을 다스리셨다는 辛東門 시인을 찾아가 뵈온 적이 있어 더욱 신뢰가 갔다 그 어른 그 지렁이에 대한 보답으로 이 시대의 혈맥에 꽂는 은빛 침술을 개발하셔서 많은 사람들의 관격을 뚫으셨다니 더더욱 소중스러웠다 부추 밭 지렁이, 부추가 지렁이를 키우고 지렁이가 부추를 키운다 했다 부추는 채소 一等, 부추김치는 맛도 좋다 많이들 자셔두는 게 좋다 부추김치 먹는 소리엔 아작아작 지렁이 씹히는 소리도 섞여 있다 지렁이를 심었다 흙 살리기를 했다 고추, 가지, 상추, 강낭콩 모를 내기 전에 지렁이부터 먼저 심었다 태아 심기를 하는 많은 여자들이 지렁이 즙을 먼저 먹는다는 소문이 자자하다 지렁이를 심는다는 소문이 자자하다 지렁이를 심으면서 지렁이는 어떻게 짝지을까가 내내 궁금했다 하나도 상스러울 게 없었다 많이 많이 번식해서 땅이 넉넉해지기를 바라는 마음뿐이었다

해 지는 저녁 능선

해 지는 저 저녁 능선으로 뛰어가는 한 사내가 보인다 해 지면 능선에 서 있는 나무들의 키가 분명해지는데 웬 사내가 오늘은 능선에서 뚜렷해지고 있다 나무들은 그냥 서 있어서 더욱 그렇다 사내는 움직이고 있어서 더욱 그렇다 또 하나 있다 능선으로 기일게 치닫는 고라니, 분명 고라니일 것이다 며칠 전 덫에 걸린 고라니 장고기로 밥을 먹었었다 고라니를 쫓고 있는 시내, 점점 거리가 벌어진다 그 간격만 결국 보인다 어둠이 왔다 사내도 고라니도 보이지 않는다 간격의 실물들 보이지 않고 보이지 않는 간격만 보인다 해 지는 저녁 능선도 그 실물들도 마침내 보이지 않게 되었다 간격이 확실해졌다

겨우살이

내 사랑 겨우살이 한번 풀어보려고 겨우살이 찾아, 直敎라는 그걸 찾아 눈 덮인 심산 들었다 참나무 뽕나무 오리나무에 붙어살지만 겨울날 홀로 초록 잎새 싱싱한 독야청청 겨우살이, 나 좀 살려다오 내 후살이로 조심조심 모셔왔다 네 몸 달이어 나를 깊게 뎁혔으나 아직도 여적지다 너나 나나 아직도 겨우살이다 내 사랑 겨우살이 아직도 여적지다 몰랐었구나 사랑이 본시 겨우살이인 것을, 후살이가 본시 겨우살이인 것을, 合歡이여, 철든 사랑아

후살이

 지난 겨울 남루들 덧대고 꿰매보지만 一步 옮기면 一步만큼 틀어지는 그걸 꽃이라고들 하시지만 상처다 누더기다 그만큼의 바느질 솜씨로 내 삶의 손질은 늘 아슬아슬하다 믿을 것이 못 된다 그런 내가 네 사랑의 修繕工이, 네 후살이가 된다는 것은 더더구나 가당찮은 일이다 되돌려드리겠다 수일 내에 찾아가시거라 사랑 끝! 후살이 끝! 자격이 없음을 고백하고서도 사랑 끝! 후살이 끝! 까맣게 자주자주 잊고 있는 나를 제발 자주자주 지워다오 사랑 끝! 후살이 끝! 아직 날씨 차다 어느새 꽃봉오리 노오랗게 살이 오른 도톰한 산수유여! 꽃 필라 틀어질라 그건 상처다 누더기다 위기로다 春來不似春! 폭설의 기별마저 있다 내 사랑의 거처를 옮긴 지 석삼년이 지났다 하나 아직도 몸살 중인 내가 너를 덧대고 꿰맬 수는 더더구나 없는 일이다 되돌려드리겠다 서둘러 찾아가시거라 사랑 끝! 후살이 끝!

• 몸살 중인 한 그루의 산수유 回生을 위해 반역의 힘을 빌리다. 이런 나의 소행에 대한 불만으로 또 다른 반역의 힘이 생길 것이다.

모든 사진에는 내가 보이지 않는다

　나는 나를 實寫할 수가 없습니다 나는 나를 內色할 수도 없으며 나를 열지도 닫을 수도 없습니다 빗장을 스스로 도둑맞은 지가 벌써 수십 년, 당신이 찍은 모든 사진에 내가 보이지 않는 까닭을 아시겠는지요 빛과 어둠을 분간 못하는 제가 이해되시는지요 그 사이에서 태어나는 實體를 도둑맞은 지가 벌써 수십 년, 내가 써온 시에서 느티나무가 나요 내가 느티나무로 운영되어왔으니 어느 쪽에도 나는 없습니다 다시 태어나고 다시 태어나다 보니 모든 나는 없는 나가 아닌지요 모든 여자들이 나를 내소박하는 까닭이 이해가 되시는지요 한평생 나를 實査한 내 아내도 實寫를 못 했습니다 오늘도 변함없습니다 千手여, 허공 이파리들이여, 다만 한 이파리 이파리마다 나누어 심는 햇빛 빨판이여, 나의 잠적이여 아침마다 해 뜨는 한복판에 한 그루 느티로 다시 서는-, 변함없습니다 날마다 나는 새로 入籍하고 있습니다 入寂하고 있습니다

言塚 2
- 金剛詩法*

  벙어리들은 거의 듣지를 못해요 듣는 일과 말하는 일은 같은 일이니까요 소리는 소리끼리 通하니까요 手話로 말을 해요 소리를 만들어요 배꽃 지는 것 보셔요 보이는 일은 혼자서도 해요 말도 버리고 소리도 버리고 산을 내려와서 默言 십 년도 버리고 와서 말무덤을 言塚을 쓰고 와서 누가 이제 다 비웠다 하였더니 보이는 것은 역시 보였어요 어머니 얼굴을 잊지 않았어요 곧바로 달려갔어요 알아보았어요 배꽃 지는 것 보고 알았어요 말 못 해도 듣지 못해도 꽃 지는 것 하얗게 보여주는 月白의 밤

---

* 金剛般若波羅蜜經.

딱따구리 1
– 석가헌 시편

  늙은 밤나무에 딱따구리 한 마리 들어 산다 소리만 들었지 여적지 실물은 한 번도 본 적 없다 이른 아침마다 다그르르 저를 알린다 어떤 날은 그를 보았다 말했다 울림 오래 몸으로 남았다 내 기다리는 행복 가운데 매일 아침 그도 들어와 앉았다 다그르르 나를 분명하게 쪼는 소리, 굳어 딱딱해진 내 상처를 쫀다 구멍 낸다 숨 쉬는 소리가 그나마 들린다

딱따구리 2
– 석가헌 시편

   삭정이뿐인 늙은 밤나무 한 그루 차마 베어낼 수 없었다 붉은 머리 딱따구리 한 쌍이 다그르르 아침저녁 문안을 잊지 않는다 뒷동산 올라가 보면 다그르르 밤나무 밑에 소리의 가루가 총량으로 소복하다 초고속으로 쪼아댄 시간의 가루가 소복하다 나를 덜어낸 슬픔의 가루가 소복하다 머잖아 마주 뚫려 휑하니 찬바람 드나들 것 같다 길 뚫다 길 믹히겠디 뒷감당이 어렵겠다 다그르르 ㄱ만 ㄱ만 등창이 나면 큰일이다

석가헌 근방

나는 어디서나 하루 종일 근방을 맴돈다 月水金 하루걸러 세 번은 소외될까 봐 조금 겁먹은 얼굴로 서울 올라가고 火木土는 석가헌에서 느릿느릿 밥 먹고 늦게 잠들거나 밀린 책을 읽거나 붓장난을 하거나 시가 써지기를 기다린다 일요일은 덤으로 주어진 날, 근방을 꽤 깊게 돌아다닌다 그러다 보면 폐가도 만나고 한낮 똬리 틀고 엎드린 까치독사를 만나기도 한다 무너진 담장에 붉게 기댄 키가 커 슬픈 접시꽃들이 아무래도 수다스럽기만 하다 혼자서 만나는 풍경들 사이론 바람이 지나가는 게 아니라 그 사이에 한참씩 머물러 쉰다는 것도 알았다 그게 고요의 얼굴이라는 것도 만졌다 오토바이로 장 보고 돌아오는 里長이 잠시 내려서 마을 회관으로 가자 한다 통닭 몇 마리를 사 왔으니 소주 한잔하잔다 함께 무얼 먹어야 말문이 트이는 사람들, 맨입으로 되느냐는 말 들어보신 적 있지 눈길이라도 손길이라도 한 번 더 가서 닿아야 모종 내 심은 고춧대 키가 다르다 여기 것 새로 다르다 날아오르는 콩새들이 부수고 가는 고요의 부스러기 해 질 녘 허공을 채울 때까지 나는 근방을 맴돈다 맨입으로 되느냐는 말 들어보신 적 있지 조이자 더 조이자 풍경들의 사이를 빠듯하게 조이고 있는 고요를 만나자 고요의 쐐기!

새들, 나의 직속들

 해거름의 내 거처 언저리엔 언제나 새들이 찾아든다 이른 저녁 먹고 뜨락에 나앉으면 나의 직속들, 뻐꾸기 방울새 되새 떼 산비둘기 굴뚝새까지 온갖 새들이 이제 곧 어두움이 깃들 것이라고 무사히 둥지에 들었다고 머얼리서 가까이서 알린다 가장 가까이 있는 나의 직속은 언제나 산비둘기다 둥지를 옮긴 적이 없다 근위병이다 지저귐이여, 너의 둥지는 오늘도 무사했냐고 어두움이 올 때까지 묻고 또 묻는다 어두움이 오면 소쩍새가 책임이다 불침번이다 나의 직속들, 새들은 나의 어두움을 예고하는 충복들이다 연전 그대가 크게 떠나는 어두움이 오기 직전 떼로 날아들어 어두움을 예고하기도 했다 여차하면 하늘까지 전갈하는 나의 직속들이다 빠안히 나를 읽는 그 둥글고 새까아만 새들의 눈동자에 여러 번 내 어두움이 고인 바 있다

눈썹을 그리기 시작했다

羚羊掛角

燃臂石卵

어디서 주워들었는지 모르겠으나 서로 짝이 다른 이 말들을 나는 왜 한 짝으로 기억하고 있는지 그걸 아직도 해명할 수가 없고 그럴 생각도 없다 이 말씀들 사이에 무슨 벼락이 개입했던 게 틀림없는데 그게 언제였는지 알 수가 없다 앞서 가던 양 한 마리가 어디로 갔는지 끝내 찾지 못했다 보이지 않았다 나뭇가지에 뿔을 걸고 매달려 있는 걸 몰랐다 불로 지진 머리 상처가 아물더니 깨지지 않는 둥근 알들이 수없이 솟아올랐다 그게 바로 양의 뿔 아니냐고 石卵이여, 허공에 솟았으니 뿔 아니냐고 虛의 새싹이 아니냐고 나는 우겼다 고리 걸기 틈새만 보이면 무조건 내달아 얽는 내 폭력이여, 눈부셔 그 짓인 걸 알고 눈썹을 그리기 시작했다 보는 것의 차양, 짙게 그리기 시작했다

알집들
– 천묘를 하고 나서

 주검도 알이다 죽음을 낳았으니 죽음의 알이다 알은 無縫으로 둥글다 낳는 모든 것들은 둥글다 작은 청어 알들마저 둥글둥글 목구멍까지 가득 차오른 작은 것들의 결사의 알집을 보신 적 있지 密集을 보신 적 있지 그렇다 모든 알들은 둥글다 無縫으로 둥글다 주검의 집도 둥글다 알집이므로 둥글다 결사적으로 둥글다 그런 알집들을 내가 한꺼번에 깨뜨렸다 한 基도 아니고 여러 基를 파헤쳤다 여러 개의 둥근 알들을 거듭 패대기쳐 깨뜨렸던 것이다 천묘를 하느라고 그랬다 죽음의 속살들 낱낱이 훔쳐보았다 불경스럽게도 포클레인으로 一擧에 그렇게 했다 주검을 죽음들을 들었다 놓았다 요즈음식은 이렇다 천묘를 하느라고 그랬다 주검에 죽음에 다가가면서 불경스럽게 그렇게 해치우면서 나는 둥근 알들의 알집들의 둥근 비탈을 둥글게 기어오르고 둥글게 자꾸 미끄러졌다 알들의 벼랑이 아득했다 황홀했다 살아 있는 주검들을 보고 또 보았다 이상한 향내가 났다 주검들 그렇게 잠시 擧風하고 다녀가셨지만 참 오래 걸렸다 불경스런 나의 황홀이여, 존재의 알집들, 내가 패대기친 알들로 터진 존재의 노른자들, 낭자하던 주검들 내 길목마다 즐비했다 다른 알집들도 낭자하게 열어주었다 결사적으로 둥근 내 시의 알집들 내가 쓴 무덤들, 매장품들 어지러웠다 덕분에 나의 알집들 되돌아보았다 낱낱이 성묘했다 내가 게걸스럽게 떠먹던 영혼의 녹슨 숟가락, 황홀해라 내가 욕망만으로 사랑을 색칠한 거짓 사랑아, 여자의 주검들 건드린 맨몸들, 내가 시의 호명으로 불러내 변질시킨 사물들, 고양이가 햇볕 말을 타고 느티나무 한 그루가 수많은 꽃들을 달고 다다다닥 허공에 모로 누워 흐르고 있다 사시나무 떨듯 꽃잎들 털어내고 있다 별난 것 다 있다 시의 허락된 폭력들, 내 사후에 포클레인으로 파헤쳐 들통 날 것들, 쏟아져 나올 것들 즐비하다 주검의 항렬들은 서로 끌어당긴다 시의 무덤들이 시의 알집들이 내 안에 다다다닥 목구멍까지 차오르고 있다 지금도 땀 흘려 염하고 있는 것들 밤새워 묻고 있는 내 삽질 소리, 내 들숨

날숨으로 안개 자옥이 밀리는 새벽 바닷가 이 언덕으로 와서 보시라 무덤들 알집들 無縫으로 무더기로 보시라

돌아온 보편

 지난해 이곳 와서 보니 첫째가 담장이 너무 길어서 그것도 붉은 벽돌로 쌓아놓아서 그게 내게는 맞지 않아서 감옥 상징으로 쉽게 떠올라서 그걸 치우려고 넝쿨장미를 올렸더니 애기똥풀들이 노오랗게 받쳐주었고 올해부터 꽃이 피기 시작했다 꽃 지우개, 감옥 지우개, 자유의 꽃 씩씩하게 피어나기 시작했다 쉽지, 금방 나오는 답이어서 재미가 없지, 탄력과 긴장을 신봉하는 너에게 비유가 없는 실체는 실체가 아니겠기에 조심스러웠지만 어쩌겠니 나는 요즈음 와서 새로 태어나는 보편을 사랑하게 되었다 요즈음 와선 초월로만 남아 있는 생짜는 신뢰가 가지 않게 되었다 돌아온 보편! 生家로 돌아온 병사! 승리의 특무상사와 한편이 되었다 그의 때 절은 군복을 빨아주는 이곳이 행복한 삶이 되었다 돌아온 보편을 사랑하게 되었다 원래 보편에서 시작되어 초월로 가고 다시 보편으로 태어나게 되어 있다 本色이다 자연이란 가장 커다란 本色, 가장 커다란 보편의 맨몸, 아주 좋다 넝쿨장미 本色 피었다

III

月明 오빠여

 흔들리는 이파리 떼들 만들어놓고 그만큼 머무는 바람의 시간을 만들어놓고 시간 안에 그만큼 흔들림을 만들어놓고 지금은 끝났다 바람 고요하다 지금부터는 곧 눈이 오시려나 시간도 보이지 않고 흔들림도 보이지 않는다 바람이 보이지 않는다 문득 月明 오빠의 뒷등만 아득하다 이파리 떼들 함께 흔들렸는데 각자 달라진 무늬만 이승에서 저승이다 시간과 흔들림은, 바람의 모든 바깥은 본래 한몸이었으나 이파리 떼들은, 모든 안쪽은 본래 각자였다는 생각이 든다 本性은 각자라는 생각이 든다 어느 가을 이른 바람에 이에 저에 떠다닐 잎다히 한가지에 나고 가는 곳 모르온저* 月明 오빠여, 연전에 下直한 누이여, 누이여 저승이 얼마나 좋길래 가서 돌아온 이 하나도 없다더냐 기척도 없구나

---

* 신라 향가 月明의 「祭亡妹歌」에서.

프러포즈

　篆刻 하는 저 여자 끌과 망치 하나로만 대들고 있는 저 여자 요새 저런 여자 없지 귀하디귀하지 슬쩍 기계도 한번 써보라고 했더니 장갑도 끼고 그래보라 했더니 들은 척도 하지 않는 여자 맨손인 여자 無可奈何인 저 여자 아마 콘돔 같은 건 알지도 못할 거야 그가 새로 새기기 시작한 현판, 느티나무 바닥으로 가슴 내밀고 싶다 칼집 내고 싶다 全身 文身이면 더욱 좋겠다 저 여자라면 모두 다 내어 맡겨도 아무 탈 없겠다 칼집 잘 나겠다 뽕나무 밭이 푸른 바다가 되는 사랑 한번 되게 해볼 수도 있겠다 맞짱 뜨는 기쁨 平生 누릴 수도 있겠다 저 현판 모올래 탁본해보면 그의 속내가 찍혀 나오리라 벌써 많이 連累되어 있는 내가 붉게 落款되어 솟아오르리라

치자꽃과 장미꽃

 우리 늙은 부부는 함께 산 지 오십 년에 가깝다 그 오십 년이 신혼부부네 집엔 없고 채 일 년이 안 된 그들의 일 년이 우리 집엔 없다 어제오늘 우리 집 뜨락은 치자꽃 滿開다 신혼부부네 담장은 장미꽃 天地다 치자꽃 속에서는 장미꽃 향내가 나지 않는다 물론 장미꽃 속에서도 치자꽃 향내가 나지 않는다 나도 없고 너도 없다 나도 있고 너도 있다 물증 심증 모두 잡았음에도 無明이여, 왜 이토록 혹심한가

무엇으로 접붙일까

 좋다, 이 가을 감나무골 상주 갔다 헌것들이 새것에 허접을 하는 연유를 게 가서 새로 알았다 감나무들도 다를 바 없었다 접붙이기를 해본 사람은 알지 늙은 감나무 등걸을 어린 고욤나무에 접붙이면 얼씨구나, 고욤이 감이 된다 실하다 주먹만 하다 흐드러진다 저승까지 가 있는 등 뒤로 뻗어가서* 젊은 고욤이 늙은 감나무를 등 돌려 세운다 늙은 아내와 결혼 45주년 여행을 그리로 잡은 나의 속내다 가을 代表 色으로 온 세상 밝힌 흐드러짐이여, 고욤이여, 棱本이여! 누가 말했다 헐 만큼 헐었으니 지구도 바꾸어 갈아 끼울 때가 훨씬 지나지 않았는가 허튼소리로 들리지 않았다 무엇으로 갈아 끼울까 무엇으로 접붙일까

* 朴在森의 시「恨」에서.

제주 은갈치

 갈치냐, 깔치냐, 칼치가 맞냐 제주 은갈치 먹으러 갔다가 속살 단단히 버히었다 그렇다면 칼치가 맞다 한자로는 刀魚라고 하면서 갈치라고 점잔을 뺐구나 형국이 그렇거니와 물의 살, 바다 속살 一生 저미고 다닌 제주 은갈치 먹으러 갔다가 刀魚 한 마릴 새로 만났다 一生 나의 속살 저민 너를 칼치라 부르기로 했다 너는 탯줄도 끊어냈지, 더욱 버히자

이 봄날

 겁나게 치마끈 풀어 온몸 열어놓는 신 살구나무, 황홀하게 가득가득 벗는다 滿開다 늙은 느티가 뒷문 밖 언덕에서 일찌거니 가지 끝끝마다 작은 이파리들 뱉어내면서 우리 집 마당을 점잖게 내려다보고 있다 민망스러워 살구나무의 황홀을 조금씩 가려주고 있다 고개 들고 보면 허공이 허공이 아니다 그런 것들로 이 봄날이 가득 차 보이지만 고개 숙이고 보면 자잘한 작은 풀꽃들이 겨울 끝자락부터 미리 피어서 틈틈마다 엎드리는 법과 견디는 법을 내게 강론한 지가 벌써 지난 2월달부터였다 이런 강론을 피그미 풀꽃이라고 이름 붙인 한 시인이 이 봄날에 갔다

三淸洞 산벚꽃 만개할 때

 그의 목소리가 또 깊어지기 시작했다 그렇게 되면 그가 내 마음의 部位 어느 한적한 정거장에 혼자서 내리고 있는 게 보이기 시작하고 그가 걸어서 갈 내 마음의 生家에 미리 당도해 군불을 지피고 있는 낡은 내가 또한 보인다 여러 번 그런 일이 있다가 보이다가 지워지다가 꽃봉오리들 구름 떼로 터지는 순간 무작정이 막무가내가 시작되었다 터지었다 우리들이 길목에 흐드러지게 만개했던 三淸洞 산벚꽃들이 그리 길목을 막았고 一擧에 다른 길들을 모두 지웠다 늘 그게 징조였다 오도 가도 못하는 무작정이 막무가내가 또다시 시작되곤 하였다 무작정의 막무가내의 기별이여, 오늘 나 여기 一泊만이라도 좋다 내 사랑의 生家여, 군불을 지피고 있다 生家의 사랑이여

허공

　무한 팽창이거나 무한 응축이어서 상승과 하강의 속도가 무사고 과속 직진이다 허공, 한번 살 대보고 나서 나 서슴없이 너를 배신 때렸다 허공에 살리라 돌아설 생각 전혀 없다 이제야 家出이다 완전 出家다 매인 데 없다 장마 끝 햇살 쏟아질 때 잘 살펴보시면 안다 비가 지나간 허공, 직선으로 끝 모르게 내리꽂힌 구멍들 빼곡빼곡 깊다 햇살 깊다 통과 통과 길 내고 나다니는 새들의 비상도 한 오리 얽히지 않은 채 저승까지 종횡무진이다 놀라운 體位다 바람마저 그렇다 허공, 파고드는 느티나무 이파리들 몸살이다 맨살 가득 깊다 허공에 살리라

하늘 뿌리

 보니까 느티나무는 땅의 뿌리와 하늘 뿌리를 다 가지고 있다 땅의 뿌리는 말할 것도 없거니와 하늘 뿌리는 하늘 가득 팔 벌려 가지들 끝끝마다 초록 信箋 쟁여두고 햇빛 빨판 깊게 당겨 빨아대는 겨울나기다 애시당초 이름을 붙이지 말걸, 그래야 좋을걸 그랬다 이름 때문에 나무는 나무라는 일밖에 손도 못 대는 반편들이 세상엔 득실거린다 이 봄 내가 그나마 잘한 일이란 느티의 뿌리를 이토록 조금 열어준 것뿐이다 곧 잎 필 것이다 또 다른 하늘 뿌리들 가보니 선암사 홍매화는 벌써 몸 벌었고 우리 집 산수유가 노오랗게 혼절한 지는 지난 경칩날이었다

풀 뽑다 말고
– 석가헌 시편

풀 뽑다 그만 놀랐다
얼른 일어서 허리를 폈다
놀란 만큼 보였다
이렇게 모르고 있었다니,
바랭이 풀이
한심스럽다고
뽑힌 제 뿌리를 한참 들었다 놓는다
사정인즉 이러하였다
다 뽑고 나면 뽑을 것이 없고
뽑힌 자리에 또 풀 돋을 자리가
넉넉하게 겁도 없이 터를 잡을 터이니
헛일 아닌가 왜 몰랐으며
초록 없는 내 뒷마당은
또 무얼로 견딜 것인가
옥수수도 벌써 다 따 먹어버렸다
물러서는 한여름의 뒷모습이

많이 수척했다
왜 몰랐던가
감나무에서는
한꺼번에 후드득
떫다고 떫다고
감 알들이 떨어져 내리며
나를 확인하였다
익을 것만 남기었다
떨어져 내릴 무게를 아프게 예비했다
그들 말고도 또 있을 것이었다
저녁 하늘이 보였다
뉘엿뉘엿 지는 해를
풀 뽑다 말고
바알갛게 한참 속살로 바라다보았다
가을 타는 한 남자가 문득 보고 들은
우리 집 뒷마당 형편이 이러하였다

엽서
– 석가헌 시편

  옮겨 심은 석 달 열흘 내내 몸살 앓던 산수유, 거름 가득 가득 쟁여 넣었더니 한밤에도 잠들지 않고 깨어나고 있다 이 밤, 풀벌레들도 소리 가득 깨어나 자자하다 눈물겨웁다 저 축복의 숨 고르기, 생기 도는 이파리 하나하나마다 마침 고개 넘어온 바람이 달빛 파닥거리게 한다 섬진강 銀魚들 수박 향으로 멀리서 당도해 있다 몸살 호되게 앓던 산수유, 안부 전한다 석 달 열흘 몸져눕고 있는 네게 이걸 生藥으로 전한다 훌훌 털고 일어나시거라

새까만 正裝

 묵은 내 사랑의 새까만 젖꼭지, 어머니 젖무덤 찾아 쉰 젖을 빠는 이 겨울밤, 꿈속의 꿈을 꾸는 밤 아득하여라 기적도 없이 새까만 기차가 왜 자꾸만 당도하고 역두엔 흰 눈이 왜 자꾸만 길로 쌓이는지 그날의 나는 왜 자꾸만 새까맣게 떠나고 흰 눈이 왜 자꾸만 길로 쌓이는지 그날의 모든 것들 여기 와 무슨 순서로 왜 자꾸만 만나고 있는지 나는 알 길이 없고, 흰 눈 말고는 다만 꿈속의 꿈까지 새까만 어제들을 데리고 내가 여기 生家에 와 있다는 것 그것들 시간의 빛깔이 모두 正裝으로 새까맣다는 것 그것 말고는 알 길이 없고

맨발의 거처

일찍이 맨발의 청춘이란 영화가 있었다 그 맨발을 청춘의 실물로 生食하기가 그렇게 좋았었다 이제는 다 지워졌다 언어란 그런 것이다 늘 무너진다 지금 내가 어떤 시절에 와 있는가가 좌지우지한다 짐승들은 왜 언제나 맨발일까 그 맨발이 맨발의 正體지 그게 요즈음 내 맨발이다 아가의 맨발도 맨발의 맨발이지 곧 또 무너지겠지만 순生 맨발은 아무래도 짐승의 맨발이지 그러하다 하여도 언제 또 무너질까 늘 두려웠다 늘 예방에 익숙했다 예방은 언제나 거꾸로 왔다 임신을 하고서도 임신했다는 말은 입도 떼지 않았다 부정 탈까 두려웠다 꽃이 피고 열매 맺었다는 말을 떨면서 푸른 잎새로 얼른 가렸다 피고 있는 목백일홍 꽃봉오리를 우주로 껴안고 있는 허공의 긴 팔을 보고 와서도 함부로 보았다는 말을 하지 않았다 곧 또 侵入이 있을 터였다 상상의 최전선을 언제나 재정비했다 무방비의 수법도 동원하고 있었다 그러함에도 어제오늘 무너진 교두보가 여러 件이었다 늘 오래 못 갔다 내 상상의 맨발은 디뎌보지 못

한 맨땅이 부지기수여서 늘 오래 머물지 못했다 그걸 잘 아는 예방이 언제나 서둘러 먼저 오기도 했다 맨발은 막무가내였다 如如함이여 무너짐의 고대광실이여 如如함이여 뿐이랴 모든 事物들의 무너짐의 거처여

물

    어제오늘 이야기는 아니지만 물이 모자라도 한참씩 모자라고 한참씩 오염되고 있다 심각하다 관리 소홀로 유실되는 물이 58%나 된다고 하니! 그게 뭔지 잘은 모르겠으나 오염은 둘째로 치고 다단계식 저수 관리가 화급하다고 한다 사랑은 흘릴수록 좋겠지만 요샌 사랑마저 물꼬가 막히었다 이래서야 쓰겠냐 그 귀한 것을! 다단계식 사랑 저수는 어떤가 마침내 겨울 가뭄으로 바닥 드러난 58%의 너를 위로차 만나러 갔다가 그대로 돌아서면서 목이 말랐다 이 몸의 물도 58%로 바닥이 드러나 이제 生産이 어렵게 되었다는 진단을 최근 받은 바도 있다 끝장이 나기 전에 다단계식 저수 관리를 어서 서두르라 하였다

수박이나 붉게 먹으며

  끝장이 나려고 한다 지나간 일들이 종잇장처럼 켜켜로 깊게 젖어서 떼어지지 않는다 몇 장은 잘못 떼어내다가 그만 못 쓰게 되었다 그대로 두자 운다고 옛사랑이 오리오마는* 끝장이 나는 마당에 갈무리할 게 따로 있겠는가 또 비가 새로 시작된다 장마다 젖을 게 따로이 남아 있는 모양이다 수박이나 붉게 먹으며 한낮을 지나가자

---

* 운다고 옛사랑이 오리오마는 : 남인수의 「애수의 소야곡」 부분.

몸이 말을 듣지 않는다

 바로 빨지 않고 그대로 놓아두면 먹물 딱딱해져 다시 풀어 쓰기 어려운 그런 붓들만 산더미다 글씨는 되지 않고 붓방아만 찧었다 새 붓도 여러 개 요절내었다 筆峰이라니, 한 번도 제대로 꼴리지 않았다 애초 파지를 내지 않을 요량으로 비싼 종이를 썼으나 그 四面楚歌도 허사였다 모두 구겨 던졌다 그날 아주 오랜만에 덤벼들었던 우리들 사랑, 그렇게 헛짚기만 하다가 날이 새었다 원래 오랜만에 하는 일은 모두 그렇다 用不用이라니, 몸이 말을 듣지 않는다 귀가 없다 聞香이라니, 턱도 없는 일이다 꽃도 피우지 못했다 근처에도 가지 못했다 내 運筆이여, 내 筆峰이여

가고시마 내 사랑

 거기서 싱싱하게 전폭적으로 헛발 디뎠다 싱싱하게와 전폭적으로 때문에 오늘날까지 네게 헛발 디디고 있다 혼절도 한다 잊지 못한다 노랑 수선들 줄지어 피어 있던 가고시마, 그 바닷가 언덕길, 그런 길 처음이었다 오늘은 하루 종일이다 여기서도 헛발 디디고 있다 산꼭대기 노천 온천장으로 가던 길 그날을 헛발 디디고 있다 다친 다리로 하루 종일이다 네게 들렀다 걷는 게 신통치 않으니까 그 길 몸 바꾼다 싱싱하게 전폭적으로 몸 바꾼다 神通하다 내 다리로 몸 바꾼다 나 더욱 헛발 디딘다 싱싱하게 전폭적으로

직후의 꽃

오늘 마음 공부는 꽃에서 시작하기로 합니다 문득 시작되기도 하고 이미 시작되어 있기도 합니다만, 처음부터 내가 운전하는 마음 공부는 되도록 아니하고자 합니다 알고 있던 꽃이 한 송이 겨우 몸 바꾸는 정도로 피어나기 때문입니다 그걸 새것으로 읽어내야 공부가 제법 된 것이라고 하시지만 아직 나는 겸손하지 못해요 젠체하는 것으로만 들려요 귀가 먹었다 하시겠지요 어디 오늘은 어떤 꽃이 벙그나 한번 기다려보기로 하지요 놀랍네요 한껏 벙글고 난 직후의 꽃이 제일로 아름다웠어요 이만하면 귀가 트였나요 내가 너무도 잘 아는 치자꽃이 오늘은 왜 이리 향기도 좋고 결이 고르답니까 죽고 난 직후에도 너는 그럴 것이란 믿음이 갔어요 지고 난 직후, 꽃이 없이도 너는 꽃일 것이란 믿음이 갔어요 온몸이 아직 얼얼하게 얹혀 있었어요

진양호 물버들

 초록초록들 하시지만 아침 안개 걷히는 햇빛 속 몸 내민 진주 진양호 물버들들 보고 와서야 초록을 實物로 만지게 되었다 간절쿠나 다시 거기 가고 싶다 그걸 다시 보고 나야 이 몸이 개운해질 것 같다 무엇보다 날로 너를 제대로 보아내지 못하는 내 시력을 잘 헹구어낼 것 같다 오, 초록들! 살아가다 보면 그런 生緣으로 내 안에 몸 바꾸는 사물들 적지 않다 사람들은 늘 나를 떠났지만 진양호 물버들들은 그냥 한몸이다 너는 어쩔지 모르겠다 갈수록 위험타 벌써 여러 번째다 갈수록 위태위태하다 자꾸 아득하게 슬프다 연인이란!

빨리 크고 싶다

빨리 크고 싶다
네 살 손자의 말
빨리 크고 싶다
뒷밭 겨우 싹 터 오른
해바라기의 초록 말
둘 다 방금 싹 터 오른
초록 말
빨리 크고 싶은 말
초록으로 달리고 싶은 말
걱정들 말거라
손자야 해바라기야
너희들이 하고 싶은 것들
학교 가서 소리소리 읽고 싶은 국어 책
반짝반짝 닦고 싶은 유리창
쑥쑥 자라 올라
만지고 싶은 앗 뜨거!

햇살 둥근 얼굴
손자야 해바라기야
금방이란다
서둘다 넘어지면
무르팍 피날라
할아비지 무르팍엔
아직껏 흉터 있단다

줄창 일어서 있는 풍경
– 김영태 형에게

 죽어 일어섰다 죽은 다음 그는 키가 무섭게 커졌다 몸도 상상 못 할 만큼 불었다 한 그루 느티에 편입한 몸통, 좋은 게 아니지 당당해 보였으나 걱정이 앞섰다 그는 어젯밤도 한숨 못 자고 줄창 서서 있었으리라 나는 樹木葬이 못마땅하다 다리가 퉁퉁 부어올라 있었다 내 것을 두고 가거나 짚고 다니던 지팡이를 가져다 달라 하였다 밥 먹으러 함께 자주 가던 인사동 선천집 여자가 하도 신기해 한번 신어보곤 깔깔 허리 잡던 그의 신발, 벗어놓고 떠난 그 작고 까만 여자 신발이 이젠 文數도 없는 맨발로 서 있는 그를 바라보면서 비로소 작별이라고 나와는 이제 영영 끝나게 되었다고 마음 편해하고 있었다 그래도 나는 아니다 樹木葬이 못마땅하다 그건 김영태가 아니다 눕고 싶은데 영 글렀다고 혹여 樹木葬은 생각도 말라고 흙 위에 바로 누우라고 죽음은 수식하는 게 아니라고 먼저 서 있기 시작한 풍경, 옆자리의 소나무 몸통 오규원이 비를 맞으며 한참을 중얼거렸다 수식이건 상징이건 그런 건 평생 고달팠다고 그걸

여기까지 데리고 온 건 오산이었다고

| 해설 |

형이상학적 충동과 근원의 감각

유성호 **문학평론가 · 한양대** 교수

1

　정진규(鄭鎭圭)의 최근 시적 성취는, 그의 서법이 '경산체(絅山體)'라 일컬어지는 것처럼, '경산 시법(詩法)'으로 불릴 만한 차원을 절정의 감각으로 보여준다. 가령 시인은 꽉 짜인 일종의 '운문적 산문'을 통해 자연 사물 안에서 삶의 깊이를 발견하는 시적 과정을 꾸준히 유지하면서, 개성적 리듬과 이미지로 풍경과 내면을 유추하는 시 세계를 일관되게 보여준다. 그야말로 거대한 우주적 흐름 속에서 '꽃'과 '나무'와 '바람'의 얼굴을 발견하고 호명하고 형상화하는 그의 시안(詩眼)은, 줄글의 단형 안에서 존재의 근원과 미시적 사물들이 어울려 출렁이게 하는 독특한 세계를 그려 보여준다 할 것이다.

그의 이러한 시적 성취와 지향은 『몸詩』(1994) 이후 최근의 『本色』(2004), 『껍질』(2007)을 거쳐 근작(近作)들에까지 이어지는 완강한 흐름이 아닐 수 없다. 그 가운데 시인이 공들여 발견하고 착근해온 키워드는, 잘 알려져 있듯이, 바로 '몸'이다. 이때 '몸'은 선명하고 복합적인 감각과 인식을 통합하는 근원적 거처이자 렌즈다. 그런가 하면 '알'은 그러한 감각과 인식을 잉태하고 있는 일종의 원형 상징 형상으로 나타난다. 이들은 하나같이 원만구족(圓滿具足)한 모습을 한 채, 모나고 날카롭고 파열된 우리들 생을 통합하고 치유하는 비유적 형상으로 활용되면서, 나아가 그들 스스로 계시적 이미지가 되어 활달한 자기 진화를 거듭하고 있다.

시인 특유의 직관과 사유에 의해 마련되고 확장되어온 이러한 상징 체계들은 한국 시에서 이른바 '메타시'의 한 차원을 보여주는 전형적 사례가 되면서, 동시에 심미적 감각과 철학적 인식이 통합된 사례로도 읽을 만한 것이 되고 있다. 최근 정진규의 시적 성취는 이러한 시론적 기획을 구체적으로 실천하면서 그 특유의 세계로 수렴되는 구조를 띠고 있는데, 이번에 발표된 신작들 역시 절정의 구체성으로 그러한 세계를 확연하게 보여주고 있다 할 것이다.

2

 정진규 시학의 키워드인 '몸'을 설명하는 구체적 사례로 우리는, 가령 "정진규의 몸은 자연적 세계를 초월해 있는 총체로서 육체이면서 동시에 정신인 통일체로서의 목숨을 말하는 것"(허만하)이라는 발언을 참조할 수 있다. 말하자면 그의 '몸'은 육체이자 정신이며, 발화(發話)의 근원이자 최종 과녁이기도 하다. 이렇게 근원과 궁극의 의미를 동시에 함축하는 '몸'은, 그의 시편들로 하여금 더욱 근원적인 것으로 미끄러지게 하면서 더욱 폭이 넓어진 시선과 감각을 그에게 선사한다. 이번 신작 시편에서 시인은 사물의 미시적 움직임에 대한 밝은 시선을 더욱 확장하면서, 자연 사물들의 글썽이는 반짝임을 발견하고 증언하는 것이다.

  거기 늘 있던 강물들이 비로소 흐르는 게 보인다 흐르니까 아득하다 춥다 오한이 든다

  나보다 앞서 주섬주섬 길 떠날 채비를 하는 슬픈 내 역

마살이 오슬오슬 소름으로 돋는다

　찬바람에 서걱이는 옥수숫대들, 휑하니 뚫린 밭고랑이 보이고 호미 한 자루 고꾸라져 있다

　누가 던져두고 떠나버린 낚싯대 하나 홀로 잠겨 있는 방죽으로 간다 허리 꺾인 갈대들 물속 맨발이 시리다

　11월이 오고 있는 겨울 초입엔 배고픈 채로 나를 한참 견디는 슬픈 공복의 저녁이 오래 저문다
　─「슬픈 공복」 전문

'강물'은 언제나 거기 있었을 것이다. 하지만 시인의 새로운 눈은, 그 강물을 비로소 '존재하게끔' 만들고 있다. 가령 우리는 어떤 과정을 통해 한 존재를 발견하게 되었을 때, 그것이 비로소 세상에 '존재하게(be)' 되는 것을 경험하곤 한다. 그 이전에도 그것은 있었겠지만, 실은 '없었던' 것이나 다름없다. 그러다가 새삼스런 발견을 통해 그것이 비로소 '존재하게' 되고, 나아가 '존재하는' 것을 넘어 우주에 가득 찬 존재로 새롭게 다가오는 것이다. 이렇게 물리적 '있음

(exist)'에서 본질적 '존재함(be)'으로의 전화 과정에는 그 존재를 발견해낸 시인의 밝은 시선이 있었던 것이다.

그러니 그 강물의 흐름은 비로소 존재하는 것으로서 시인의 몸에 전해오는 것이 아닌가. 자연스럽게 시편 안에는 '추움', '오한', '오슬오슬', '찬바람', '시림' 등 한기의 감각들이 몸으로 전해져 온다. 그 강물 위로 "나보다 앞서 주섬주섬 길 떠날 채비를 하는 슬픈 내 역마살"을 바라보면서 시인은, 초겨울 풍경을 쓸쓸하게 부조(浮彫)하고 있는 옥수숫대들과 밭고랑 그리고 고꾸라져 있는 호미 한 자루를 담아낸다. "허리 꺾인 갈대들"과 함께 겨울 초입에 "배고픈 채로 나를 한참 견디는 슬픈 공복의 저녁"을 오래 저물도록 느끼고 있는 것이다. 말하자면 매우 근원적인 감각(한기와 슬픈 공복)으로 사물의 구체성을 살리면서, 그것을 자신의 내면과 유추적으로 연관 짓는 그 특유의 방법론이 관철된 것이다.

이러한 시인의 미세하고도 구체적인 감각의 움직임을 우리는 '미동(微動)'이라 명명할 수 있을 것이다. 아닌 게 아니라 "微動이란 말 참 예쁘지요 살얼음 속에서도 오늘 아침 수련 마담꼬네, 분홍빛 開花의 미동이 있었습니다"(「수련 마담꼬네」)라는 그의 표현이 이미 있었다. 그가 발견한 "시의 천수답에 겨우내 꽂혀 있던 녹슨 삽"(「次韻」)도 그 풍경의 세목

가운데 하나인데, 그것은 그의 절편 「삽」(『껍질』)을 떠올리게 하면서, 모든 사물이 사실은 "緣起 本性의 生命律"(「삽」)로 얽혀 있음을 실감케 한다. 그 생명의 미동을 보여주기 위해 시인은 '씨'라는 원형 상징을 불러온다.

어제는 뒷밭에 播種을 했다 씨를 뿌렸다 씨 뿌리는 사람이란 제목으로 좋은 그림 하나 그려서 옛날 마을 이발소에도 걸려 있고 싶었다 폭신한 흙을 만지는 시간이 뿌리는 시간보다 길었다 황홀한 외도여, 저리는 오금이여, 새 여자의 몸을 탐하는 이 슬픈 속사정을 한창인 뒷문 밖 살구꽃이 분홍빛으로 더욱 부추기었다 범부채, 개미취, 금계, 채송화, 해바라기, 쪽도리꽃, 아주까리, 상추, 치커리들 무더기로 다 뿌리고 나서도 이 나의 代理 播種이 不倫이란 생각이 전혀 들지 않았다 새싹 돋아 실하게 되면 모종을 집집마다 나누어드릴 작정이다 入養시킬 작정이다 장하시다고 回春하셨다고 모두 끼끗하다고 칭찬받을 작정이다
　-「씨를 뿌리다」전문

'미동'은 이제 '파종'의 행위와 연결된다. 시인은 한가로

이 "뒷밭에 播種"을 한다. 언젠가 반 고흐처럼 '씨 뿌리는 사람'이라는 제목으로 그림 하나 그리고 싶었다는 시인. 하지만 그 그림이 걸려 있을 곳으로 그는 세련된 화랑(畵廊) 대신 "옛날 마을 이발소"를 상상한다. 그 오래된 퇴락과 주변의 풍경에 시인의 시선이 가닿아 있는 것이다. 그런데 '파종'의 시간은 "폭신한 흙을 만지는 시간"을 시인에게 듬뿍 허락한다. 이 "황홀한 외도"이자 "저리는 오금"은, 마치 "새 여자의 몸을 탐하는" 것으로 유추되면서, 시인으로 하여금 봄날의 자연 사물들을 분홍빛 황홀로 호명하게 하는 것이다.

여기서 "범부채, 개미취, 금계, 채송화, 해바라기, 쪽도리꽃, 아주까리, 상추, 치커리들"이야 말할 것도 없이 파종의 목적어들이지만, 사실은 그것들이 "나의 代理 播種"을 상상케 한 구체적 '몸'들이 되는 것이다. 이렇게 '不倫'과 '入養'과 '回春'이라는 연쇄적 기표를 통해 시인은 봄날 '몸'이 느끼는 한없는 활력과 희열을 노래하고 있다. 이처럼 '파종'은 성적 이미지와 일정하게 연결되면서, '몸'의 구체적 '微動'(어쩌면 逆動)을 노래하는 매개 행위로 제시된다. 그것은 시인의 말대로 "작위적인 것이 아니라, 몸이 태어나는 자율적인 생산의 형국을 뜻하는 말이 될 터이고 충만의 황홀이 함께하는 초월의 어떤 공간을 뜻하는 말"(「게으름에 대하여」,

『本色』)이 될 수도 있는, 느리고 게으른 미동(微動)의 아름다움으로 연결되는 것이다. 이러한 시인의 감각은 이제 일종의 형이상학적 충동과 연결되면서 정진규 시학을 한결 웅숭깊게 하고 있다.

   言塚이라고 들어보셨는지요 적극적 형이상학의 소재 하나를 지니고 있으니 아무도 얼씬거리지 마시압 미구에 큰일 낼 것 같습니다 경상도 醴泉 어느 마을엘 가면 말의 무덤이, 馬塚이 아니라 言塚이 있다는 말을 얼핏 들은 적이 있습니다 이런 상징 실물을 만들어놓은 마을 先代들께오서는 일찍부터 말씀에 수의를 입힐 줄 아셨으니 침묵의 살을 직접 만지셨던 거지요 스스로 침묵의 봉분을 지으셨던 거지요 놀랍지 않으신지요 대단들 하십니다 직접 다녀와서 제대로 쓸 작정입니다만 言塚들 참배하러 그간의 내 言塚들과 함께 나 수일 내 그리로 떠납니다 아무도 얼씬거리지 마시압 손대지 마시압
   -「言塚 1」 전문

 '말[言]'과 '말[馬]'의 대비 속에서 시인이 발견하는 것은, '言塚'이라는 새로운 기표다. 그 "적극적 형이상학의 소재"

를 쥐고 시인이 느낀 법열감은 참으로 큰 것이다. 가령 그것은 "아무도 얼씬거리지" 말라는 경고와 함께 큰일 치를 것 같은 외경(畏敬)마저 포괄한다. 그 형이상학적 소재란 다름 아닌 경상도 예천 어느 마을에서 본 "말의 무덤"이다. '馬塚'이 아니라 '言塚'이라니, 그의 상상력과 열린 감각은 어느새 밝은 흥분으로 줄달음친다.

시인은 '말씀(言)'에 수의를 입혀 만들어진 "침묵의 봉분"을 참배하고자 한다. 그 "침묵의 살을 직접 만지셨던" 분들에 대한 외경과 함께, "그간의 내 言塚들"도 데리고 가겠다는 것이다. 그렇다면 시인은 거기서 스스로의 '言塚'도 나란히 놓을 것이 아닌가. 이때 시인의 시적 욕망은, 단순한 '말'이 아니라 가장 근원적이고 형이상학적인 '말씀'에 대한 강렬한 형이상학적 충동을 통해 거듭나게 된다. 말하자면 그 '말씀'의 배후에 있는 어떤 근원적 '존재'를 상상하는 것이다.

'존재'란 하이데거적 문맥에서 보면 본질적이며 근원적인 것, 비밀에 가득 찬 형이상학적 힘이자 일종의 은폐된 신성(神聖)이다. 반면 '존재자'는 언어에 의해 현상된 개체적 실재들이다. 존재 망각의 지층에서 '존재자'들을 호명함으로써 '존재'를 복원하고 개진하는 일이 시인의 직무라고 할 때, 정진규 시편은 미시적인 '존재자'를 호명함으로써 지층 아득히 묻혀 있는 '존재'를 상상적으로 탐사하는 데 기여한다.

이처럼 정진규 시편들은 주체의 자기 표현을 극대화하고자 하는 은유적 욕망을 경계하면서, 사물의 풍경을 일종의 '영적(靈的) 기운'으로 담아내면서, 그것들을 일종의 계시적 차원으로까지 끌어올리고 있다. 하지만 시간의 흐름과 소멸을 형상적으로 암시해주는 이 같은 풍경들이, 오로지 시적으로만 재구성되는 인위적 공간인 것은 결코 아니다. 그것은 여지없는 실체들이면서 동시에 상징적 유추의 산물이기도 하기 때문이다. 이러한 시선이, 예술을 실재와 대립하는 '비실재의 창조'로만 보는 시각과는 달리, 예술과 환영(illusion)을 겹치게 하면서도 갈라주는 힘이 되는 것이다. 정진규 시학의 절묘하고도 원숙한 균형 감각이 거기서 태어난다.

3

두 편을 채 인용하지 못했다. 하지만 이번에 발표된 정진규 시편은 어느 것을 인용해도 상관없는 균질성과 지속성을 한 몸으로 보여준다. 그가 안성의 '夕佳軒'으로 거처를 옮기면서 씌고 있는 이 근작들은, 이렇게 그의 노경(老境)에 찾아온 사물들의 '몸'이며, 형이상학적 충동과 근원의 감각을 결

속한, 그 자체로 한국 시의 한 절정이 아닐 수 없다.

이러한 시작 과정은 자연과 인간 세계의 화응(和應)을 함축한다. 물론 그 화응의 징후나 리듬을 간파하는 것은 철저히 시의 배면에 물러 나와 있는 '바라봄'의 주체인 시인의 눈이다. 따라서 시인이 바라보는 세상의 이법은 역사나 현실 같은 무거운 이름들이 아니라, 생의 '무늬' 같은 어떤 감각과 실재들의 아우라다. 정진규 고유의 관조의 미학이 고요한 수런거림의 아름다운 여운을 주고 있는 것은, 이 자유로움을 심미적으로 바라볼 수 있는 시인의 역량과 밝은 눈 때문일 것이다.

결국 시는 시간 예술이다. 시의 작법이 시간의 흐름에 의해 완성되고, 작품을 향수하는 데 시간의 흐름이 동반된다는 측면에서, 시간 예술로서의 시의 속성은 아직까지는 분명해 보인다. 그러나 생각을 달리 하면, 시가 시간 자체를 주제로 하는 예술이라는 측면에서도 그 같은 진술은 가능하다. 시를 생의 순간적 파악에 기초한 언어 예술로 정의한다고 해도 사정은 마찬가지다. 그 순간이란 오랜 시간의 흐름이 온축되어 있는 '충만한 현재형'이니까 말이다.

정진규 시학은 이러한 시간 예술로서의 오래고도 근원적인 감각을 밝게 보여주는 사례로 남을 것이다. 시인으로서

'몸'으로 부딪치며 감싸 안게 된 호흡과 음률을 '운문적 산문'으로 담아내는 그의 시선을 따라, '경산 시학'이 더 심화된 형상들을 얻어가기를 희망해본다.

정진규의 문학 연보

1939 ○ 경기도 안성시 미양면 보체리 12번지에서 아버지 東萊人 鄭完謨와 어머니 杞溪 俞氏 俞富卿 사이에서 10남매 중 셋째 아들로 태어남. 산과 들을 헤매 다니거나 뒤뜰 書庫에 산적한 古書와 선조들의 文集들 사이에 숨어들어 한나절씩 책 냄새를 맡다가 나오곤 하면서 어린 시절을 보냄.

1957 ○ 안성농업고등학교 재학 중 같은 학교의 김정혁, 박봉학, 홍성택 등과 동인 시집 『芽話集』, 『바다로 가는 合唱』 등을 프린트본으로 간행, 이해 학원문학상을 받음.

1958 ○ 고려대학교 문리과대학 국어국문학과에 입학. 당시 교수이던 조지훈 시인의 문하를 드나듦. 재학 중 인권환(고려대 교수), 박노준(한양대 교수), 이기서(고려대 교수), 변영림(정진규의 부인) 등과 동인 '靑塔會'를 만들어 동인지 『白流』(프린트본)를 발간하는 등 '고대문학회'의 일원으로 활동함. 萬

海韓龍雲文學全集 원고 발굴 정리에 참여함.

1960 ○ 조지훈, 김동명 두 분의 심사로 〈동아일보〉 신춘문예를 통해 등단. 등단작은 「나팔 抒情」. 이해 여름부터 조동일(전 서울대 교수), 이유경(시인), 주문돈(시인), 박상배(시인) 등과 동인 '火曜會'를 만들어 매주 시를 위한 토론회를 갖고 육당에서 청록파까지의 시를 체계적으로 읽음. 동시에 조동일의 번역으로 프랑스의 상징주의에서 초현실주의까지의 시 세계를 섭렵, 현대시로서의 방법론에 눈뜨기 시작함.

1961 ○ 군에 자원입대. 변영림과 결혼.

1962 ○ 장남 敏泳(독문학 박사, 외국어대 교수) 태어남.

1963 ○ 학보병으로 제대. 시인 전봉건의 권유로 동인 '현대시'에 참가. 황운헌, 허만하, 김영태, 이유경, 주문돈, 김규태, 김종해, 이승훈, 이수익, 박의상, 이건청, 오탁번, 마종하 등과 제12집까지 활동, 이때 박목월, 박남수, 김수영, 김종삼, 전봉건, 김종길, 김광림 시인들을 만남. 제1회 고려대학교 문화상을 받음.

1964 ○ 대학 졸업. 이후 풍문여고, 숭문고, 휘문고 등에

서 10여 년간 교직 생활을 함. 딸 栖英(조각가) 태어남.

1965 ○ 김광림 시인의 주선으로 제1시집 『마른 수수깡의 平和』(모음사) 출간.

1967 ○ 시론의 견해 차이로 말미암아 자의 반 타의 반으로 동인 '현대시'를 떠남.

1969 ○ 전환의 시론 「詩의 애매함에 대하여」와 「詩의 정직함에 대하여」를 2회에 걸쳐 시지 『詩人』(조태일 시인 주재)에 발표. 이때부터 시에 있어서의 개인과 집단에 대한 대립적 사고의 통합 의지에 골몰함. 이해 차남 芝泳(회사원) 태어남.

1971 ○ 문학평론가 홍기삼의 주선으로 제2시집 『有限의 빗장』(예술세계사) 출간.

1975 ○ 교직 생활을 청산하고 주식회사 진로에 입사, 1988년까지 홍보 관계 일을 함.

1977 ○ 제3시집 『들판의 비인 집이로다』(교학사)를 출간. 이때부터 시에 산문 형태를 도입. 개인과 집단의 문제, 이른바 '詩性'과 '散文性'의 구체적 통합에 들어감. 서정적 억양의 생명률과 환상의 파도가 있는 산문 형태를 새로운 시 형식으로 천착함.

1979 ○ 시인 김종해의 주선으로 제4시집 『매달려 있음의 세상』(문학예술사) 출간. 이해부터 이근배, 허영자, 김후란, 김종해, 이탄, 이건청, 강우식 시인 등과 함께 '현대시를 위한 실험 무대'를 극단 '민예극장'과 함께 갖기 시작함. 시극 〈빛이여 빛이여〉를 허규 연출로 공연. 이와 같은 시와 무대에 관한 관심은 '시춤'으로 이어져 〈따뜻한 상징〉(창무춤터, 1987), 〈오열도〉(김숙자 무용단, 문예회관, 1988), 〈和〉(김숙자 무용단, 국립극장 대극장, 1990), 〈먹춤〉(직접 출연, 류기봉 포도밭, 1990), 교향시 〈조용한 아침의 나라〉(장일남 작곡, 세종문화회관, 1990) 등의 공연에 참여함.

1980 ○ 시집 『매달려 있음의 세상』으로 제12회 한국시인협회상을 수상.

1981 ○ 이상화 평전 『마돈나 언젠들 안 갈 수 있으랴』(문학세계사) 간행.

1982 ○ 경기도 이천 玄岩窯에서 그간 관심을 가져왔던 붓글씨로 1천 개의 백자에 우리의 시들을 적어 넣음. 이해부터 한국시인협회 사무국장을 맡아 1983년까지 일함.

1983 ○ 제5시집 『비어 있음의 충만을 위하여』(민족문화사)를 출간. 시론집 『韓國現代詩散藁』(민족문화사)와 편저 『芝薰詩論』(민족문화사)을 출간.

1984 ○ 제6시집 『연필로 쓰기』(영언문화사) 출간. 이 시집에 대해 '산문시집'이라는 말을 시인 이탄이 붙임.

1985 ○ 시집 『연필로 쓰기』로 월탄문학상 수상.

1986 ○ 제7시집 『뼈에 대하여』(정음사) 출간.

1987 ○ 시집 『뼈에 대하여』로 현대시학작품상 수상. 이해 문학선 『따뜻한 상징』(나남) 출간.

1988 ○ 전봉건 시인의 작고로 월간 시 전문지 『현대시학』을 승계, 현재에 이르기까지 21년간 주간을 맡아 오고 있음.

1989 ○ 자선 시집 『옹이에 대하여』(문학사상사) 출간. 같은 해 그림 시집 『꿈을 낳는 사람』(한겨레) 출간.

1990 ○ 제8시집 『별들의 바탕은 어둠이 마땅하다』(문학세계사) 출간.

1991 ○ 한국대표시인 100인 선집 『말씀의 춤을 위하여』(미래사) 출간.

1994 ○ 제9시집 『몸詩』(세계사) 출간. 시간 속의 우리 존재와 영원 속의 우리 존재를 함께 지니고 있는 실

		체를 '몸'이라 부르기 시작함.
1995	○	'현대시' 동인들과 재결합. 편저 『나의 詩, 나의 시쓰기』(토담) 출간.
1996	○	한국시인협회 상임위원장.
1997	○	제10시집 『알詩』(세계사) 출간. '몸'이 추구하는 우주적 완결성을 '알'로 상징화함.
1998	○	한국시인협회 회장으로 추대돼 2000년까지 맡음.
1999	○	후배 시인들과 제자들의 도움으로 시력 40년을 돌아보는 '鄭鎭圭詩歷40年詩祭'를 가짐(10월 5일, 타워호텔).
2000	○	제11시집 『도둑이 다녀가셨다』(세계사) 출간.
2001	○	시집 『도둑이 다녀가셨다』로 공초문학상 수상.
2002	○	한국 현대시 100인의 시를 붓글씨로 쓴 '정진규 詩書展'을 10월 14일부터 10월 27일까지 한국문화예술진흥원 마로니에미술관에서 갖고 도록 『絅山詩書』(현대시학)를 간행.
2003	○	시론집 『질문과 과녁』(동학사) 출간.
2004	○	제12시집 『本色』(천년의시작) 출간.
2004	○	제2회 정진규의 춤 쓰기 먹춤 공연(9월 4일, 남양주 류기봉 포도원) : 춤을 추며 50미터의 흰 광목에

붓으로 즉흥시를 써 내려감.

2005 ○ 독일어 번역 시집 『말씀의 춤(Tanz der Worte)』(독일 프랑크푸르트 아벨라, 100편 수록) 출간.

2005 ○ 문학평론가 정효구 교수의 『정진규의 시와 시론 연구』(푸른사상사) 출간.

2006 ○ 문화예술발전 유공자로 선정돼 대한민국문화훈장(보관) 수훈.

2006 ○ 조지훈 시비 건립 제막 기념 제3회 시굿 정진규의 먹춤 봉헌(고려대학교 교정).

2007 ○ 제13시집 『껍질』(세계사) 출간.

2007 ○ 시선집 『정진규 시선집』(책만드는집) 출간.

2007 ○ 3월 거처를 生家 경기도 안성시 미양면 보체리 12번지 夕佳軒으로 옮김.

2008 ○ 현대불교문학상 수상.

2008 ○ 활판공방 정진규 시선집 『우리나라엔 풀밭이 많다』(十月) 출간.

2009 ○ 현재 월간 시 전문지 『현대시학』 주간. 한국시인협회 평의원. 고려대 · 순천향대 강사, 한양여대 문예창작과 교수 역임.